増補改訂版

ミュージックベルとトーンチャイム
音楽療法の現場で

嘉藤やよい 編・著

サーベル社

はじめに

　私が、はじめてミュージックベルに出会ったのは、10数年前、ある特別養護老人ホームででした。金色に美しく光る、優しい音のするベルでした。そして、その２、３年後、新しい仲間が増えました。ポーンとすんだ音がどこまでも伸びていく、トーンチャイムです。私はそれ以来、これらの楽器が少しでも利用者の方々に楽しんでいただけるようにと工夫して参りました。
　音の動きはなるべく簡素化し、順番や、くり返しのパターンでできるようにしました。１セットのベルという想定で、音列でグループ分けした時、和音で分けた時、一つの音が、他のグループや和音にまたがらないようにしています。また、歌のあるものは、歌い易い音域の調に、そして、一人でも多くの方がベルを持てるように、オクターブ上下も加えられるようにしました。
　本書が、福祉の現場で、ベルを楽しむ一助となる事を願っております。

　　　　　　　　　　2005年　春　　嘉藤やよい

も く じ

ミュージックベル ……………………………………………………………… 6
 音域と音名 ………………………………………………………………… 6
 発音と消音 ………………………………………………………………… 7
トーンチャイム ………………………………………………………………… 8
 音域と音名 ………………………………………………………………… 8
 発音と消音 ………………………………………………………………… 9
曲を演奏する前に ……………………………………………………………… 10
 ベルをならそう（1） …………………………………………………… 10
  みんなでベル …………………………………………………………… 10
 ベルをならそう（2） …………………………………………………… 11
  わたしのベル …………………………………………………………… 11
音楽療法の現場で ……………………………………………………………… 12
 1.和音を使って …………………………………………………………… 12
  チャップスティック …………………………………………………… 13
  アビニヨンの橋の上で ………………………………………………… 15
 2.音階を使って …………………………………………………………… 16
  雪 ………………………………………………………………………… 16
  たなばたさま …………………………………………………………… 22
 3.簡単なメロディーのオスティナートで ……………………………… 25
  ひらいたひらいた ……………………………………………………… 25
  かごめかごめ …………………………………………………………… 27
  さくら …………………………………………………………………… 28
 4.どなたでもベルを楽しんでいただけるように ……………………… 29
  春の小川 ………………………………………………………………… 29
  アビニヨンの橋の上で ………………………………………………… 31
  雪 ………………………………………………………………………… 32

いろいろな曲を演奏しよう ……………………………………………… 34

　　かえるのがっしょう ……………………………………………… 35

　　花嫁人形 …………………………………………………………… 38

　　ゆりかごのうた …………………………………………………… 41

　　ふるさと …………………………………………………………… 43

　　十五夜お月さん …………………………………………………… 45

　　背くらべ …………………………………………………………… 46

　　虫のこえ …………………………………………………………… 48

　　聖者の行進 ………………………………………………………… 50

　　アニー・ローリー ………………………………………………… 53

　　オーバー ザ レインボー ………………………………………… 56

　　シューベルトの子守歌 …………………………………………… 60

　　モーツァルトの子守歌 …………………………………………… 61

　　ブラームスの子守歌 ……………………………………………… 62

　　オーラリー ………………………………………………………… 63

　　きよしこの夜 ……………………………………………………… 65

　　赤鼻のトナカイ …………………………………………………… 67

　　グリーン スリーブス …………………………………………… 72

　　ラ ラ ルー ………………………………………………………… 74

　　シンコペーティド クロック …………………………………… 76

　　五月のうた ………………………………………………………… 78

　　80日間世界一周 …………………………………………………… 82

　　大きな古時計 ……………………………………………………… 84

　　春の曲メドレー …………………………………………………… 90

　　　　　早春賦・春の小川・さくら

付録 ………………………………………………………………… 95

　　赤鼻のトナカイ …………………………………………………… 95

　　たなばたさま ……………………………………………………… 96

　　港 …………………………………………………………………… 96

　　雪 …………………………………………………………………… 97

　　春の小川 …………………………………………………………… 98

　　たき火 ……………………………………………………………… 99

ミュージックベル

ミュージックベルには、数種類のセットがありますが、現場では、ＭＢ－Ｃ(カラー)、ＭＢ－Ｓ(シルバー)が多く使われていると思います。カラーのベルは、色がついているので興味をひくかもしれませんが、利用者の方は、音色に敏感な方も多いので、ＭＢ－Ｇ(ゴールド)のベルも良いと思います。

☆音域と音名

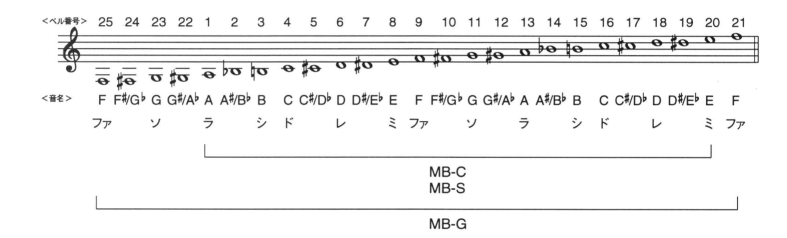

ベル番号22～25は、金地に黒の文字、
　　1～12は、白地に黒い字で、
　　13～21は、黒地に白ぬきで音名が表示されています。

☆発音と消音

親指を柄と並行にしてベル部に近い部分を握り、胸のあたりにベルを上向きにかまえます。少し下におろした所で、手首を使って瞬間的に向う側に倒し、発音します。この時45度位で止めるときれいな音が出ます。柄を力を入れて強く握ったり、あまり大振りしないほうが良い音が出ます。

消音は、ベルに指をあてるか、ベルを胸などにあてます。

トレモロは、柄をかるく握り、手首を柔らかくして、左右（前後）にこまかく振ります。

トーンチャイム

本書は、トーンチャイムＨＢ－25でも対応できます。
トーンチャイムは、音叉の原理を採用した、普及型のハンドベルです。

☆音域と音名

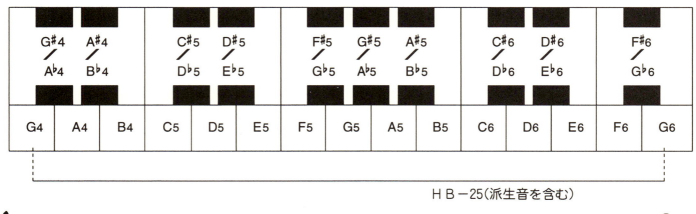

トーンチャイムは、
　　　銀色のパイプの幹音（ピアノの白鍵）
　　　　　　　と
　　　黒色のパイプの派生音（ピアノの黒鍵）で構成されています。

☆発音と消音　　振り方に特別な奏法はありませんが、チャイムを握って胸の前で構え、"の"の字を書くように腕を前方に押し出して発音し、もとの位置にもどします。

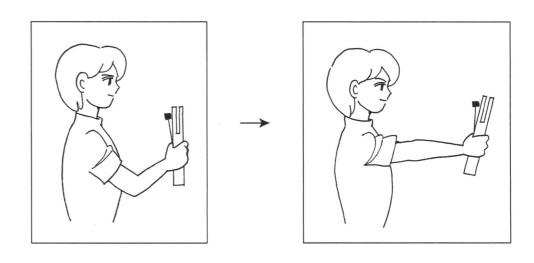

消音は、手首を少しひねってパイプの先端を胸に押えつけるか、振動部を手で握ります。

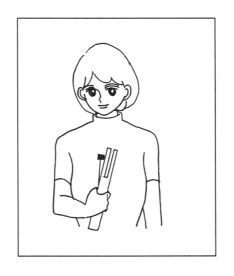 

トーンチャイムは楽器の構造上、セッションで使用する場合、テンポの速い曲や同じ音が続くと、演奏上無理が生じると思います。ただ、音はとてもよくのびますので、トレモロの部分は一音打ちで、同じ音が続く時も、その拍数だけ一音打ちでのばして演奏をすると良いでしょう。
発音・消音など、現場ではなかなか型通りにはいきませんが、基本的なことをご紹介しました。

曲を演奏する前に

ベルをならそう（1）　　まずは、ベルを楽しく鳴らしてみて下さい。

みんなでベル

嘉藤やよい 作詞・作曲

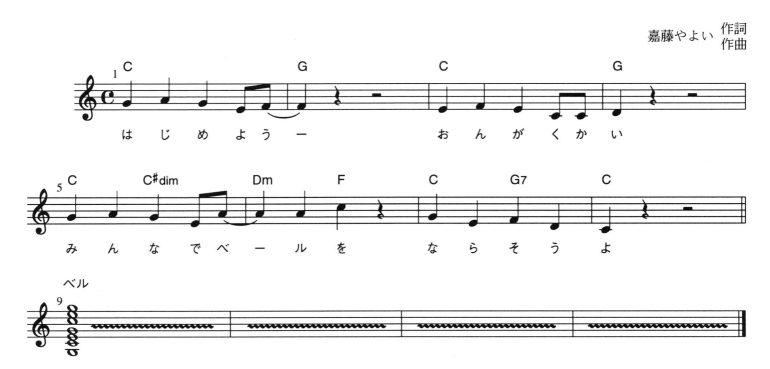

ベルの箇所は何の和音を使っても良いでしょう。
伴奏の方がリズムをきざんだり、メロディーをつけたりして、もりあげて下さい。

ベルをならそう（２）　　今度は一人で鳴らし、最後は皆であわせます。

わたしのベル

嘉藤やよい　作詞作曲

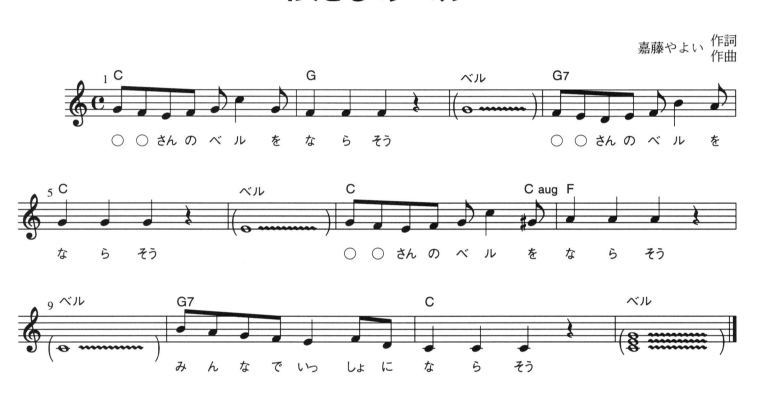

ベルの箇所は、無伴奏の方が良いかも知れません。
一人で発表し、全員で和音奏もします。色々楽しめれば、と思います。

音楽療法の現場で

音楽療法の現場で、カラーのベルがよく使われます。音符や歌詞にベルの色の印をつけて、メロディー奏などが行われます。もちろん、きちんとメロディーになれば達成感もあり、良いのですが、なかなかそうならない場合が多いと思います。そんな時でも、やさしくベルを楽しんでいただける方法をいくつか提案したいと思います。
なお、現場では、楽譜はリーダーが把握し、利用者の方に示すことはしません。

1 和音を使って

まず、演奏者を二つのグループに分けます。

Cの和音　　　　　　Gの和音

G（ソ）の音が、両方のコードに含まれますので、状況を見て分けて下さい。
メロディー部分はキーボードやピアノを使い、左手でコードの音をフォローしてあげると良いです。ただ場合によっては、メロディーが奏でられれば他の楽器（リコーダーなど）でもかまいません。

チャップスティック

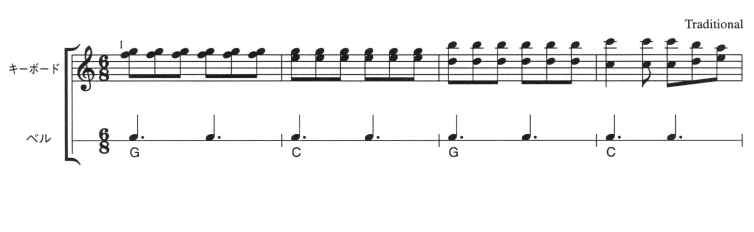
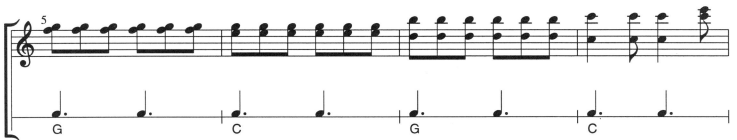

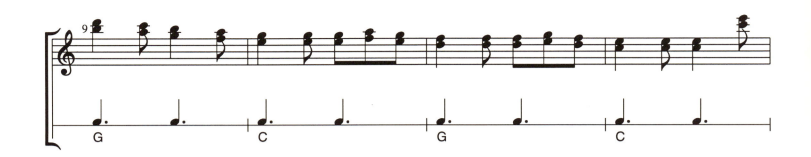
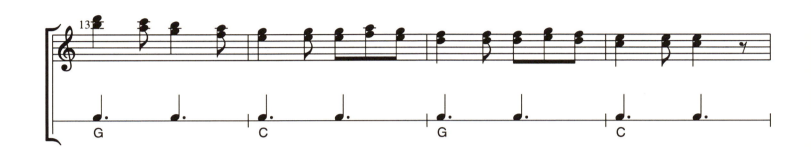

　Gの和音とCの和音を、二回ずつ交互に鳴らすだけで演奏できます。
できるだけ多くの方がベルを持てるように、和音内の音は全て使いましょう。
　自分の番が待てなくて常に振ってしまう方には、二つの和音の共通音のG（ソ）の音を担当してもらって下さい。

アビニヨンの橋の上で

フランス民謡

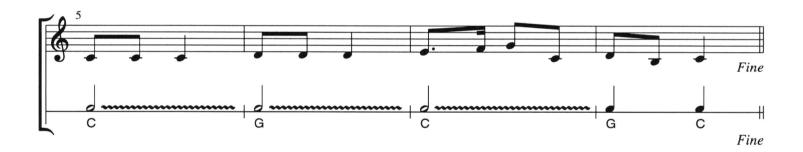
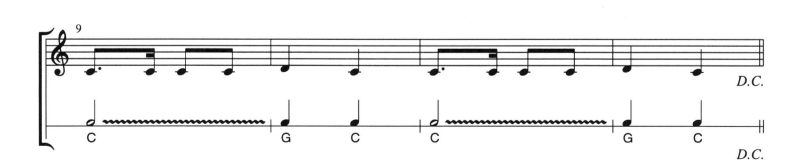

のパターンに慣れればすぐに演奏できます。
トレモロ奏ではなく、一音打ちでも良いと思います。

❷音階を使って　　メロディーを演奏することはむずかしくても、順番に並んでベルを鳴らし、音階をつくることはできます。
何調の曲でも、順番に鳴らしていけば良いのです。
ベルで音階を演奏しながら、歌を歌ってみたらいかがでしょうか。

雪

文部省唱歌

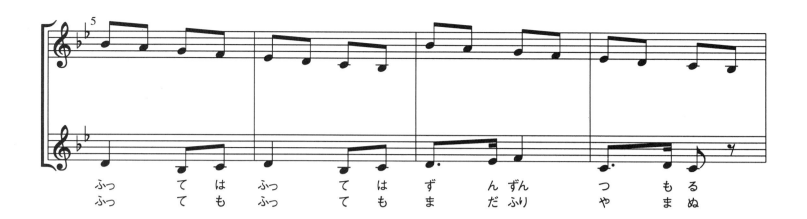
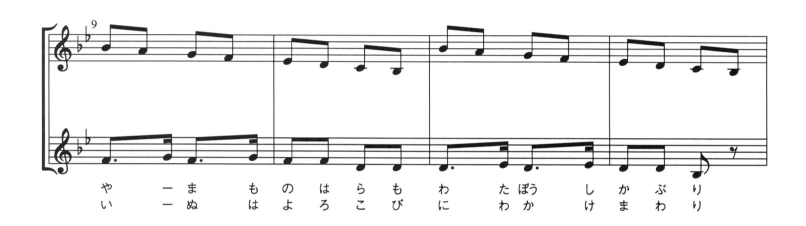

はじめは、ゆっくりとしたテンポで順番に鳴らす音階の練習をして下さい。
音階にあわせて、1．2．3．4．5．6．7．8と声をかけてあげると良いでしょう。

雪

使用ベル

文部省唱歌

18

１．２．３．４と声をかけると、わりと速いテンポでものってきます。
この方が、雪のふっている感じが良く出るのかも知れませんね。

雪

文部省唱歌

音階を [譜例] のコンコングループと

[譜例①②] の二つのドンドングループに分けました。

使われている音は重複していないので、分かりやすく、演奏しやすくなっています。

たなばたさま

八分音符の音階ですが、四分音符のような感覚のゆったりしたテンポで演奏して下さい。お星さまが、ちかちか、きらきらと光っているような感じが出たら良いと思います。

使用ベルは同じですが3パートに分かれます。

たなばたさま

権藤花代 作詞
林　柳波 作詞
下総皖一 作曲

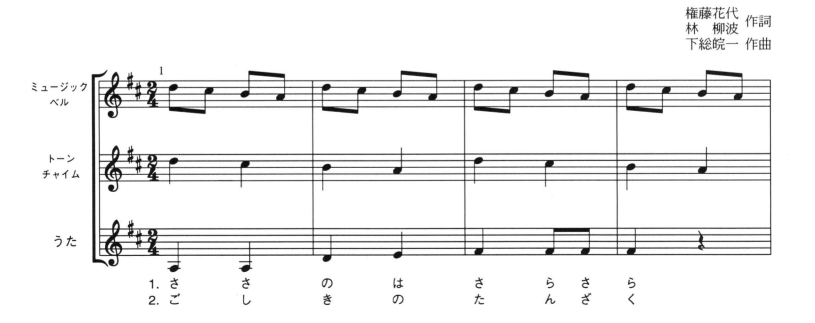

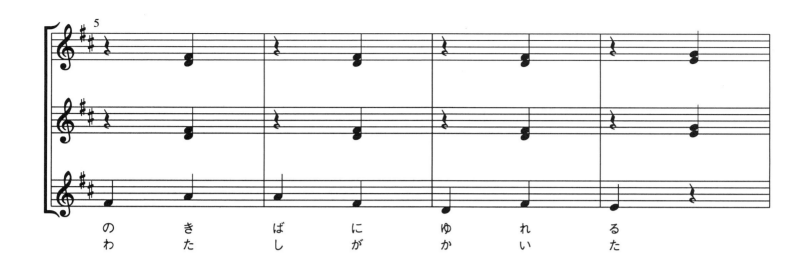

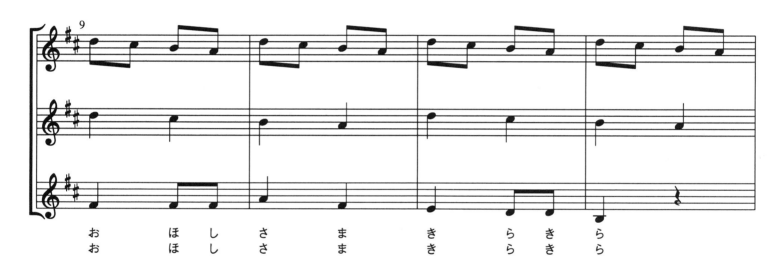

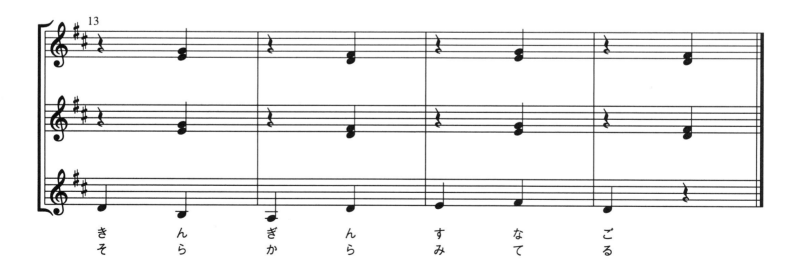

他にも"夏は来ぬ""村まつり"等の曲でも、同じような方法で楽しめます。

❸簡単なメロディーの オスティナートで

二小節単位の簡単なメロディーのオスティナートにあわせて、歌いましょう。

まず、曲にあわせて、全ての使用ベルを自由に鳴らして、和音で自由奏を楽しみましょう。それから、オスティナートのメロディーの練習です。

オスティナートのメロディーが上手にできたら、歌とあわせて下さい。

ひらいたひらいた

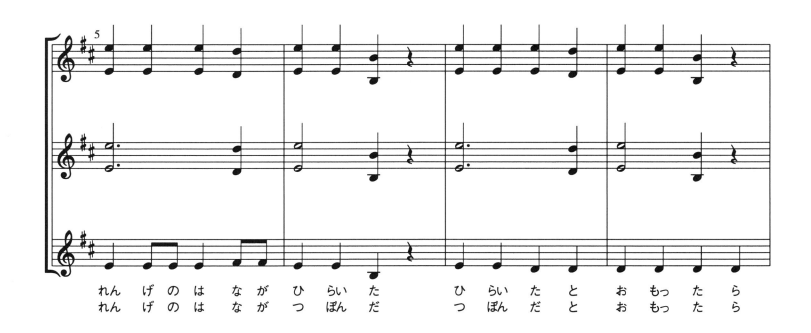
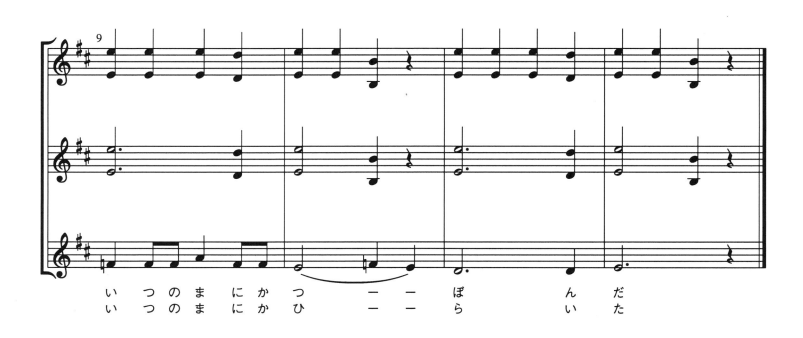

使用ベルの数を増やすためにオクターブにしてあります。
E（ミ）の音を真中にしてD・E・Bのように並んでもらい、オスティナートのメロディーにあわせて、
|1・2・3・4|1・2・3・𝄽|と声をかけてあげましょう。

かごめかごめ

D（レ）の音を真中にE・D・Aと並んで下さい。
わらべうたなどは、このようなオスティナートのメロディーで楽しめます。

❹ どなたでもベルを楽しん
でいただけるように

比較的に重度で、ベルの音が複数だったり、楽器のリズムが何種類か
あると混乱してしまう方たちでも、ベルと打楽器の二つのグループに
分かれ、ベルと打楽器を交替で鳴らし、同じパターンをくり返すよう
にすれば、合奏を楽しむことができます。

春の小川

使用ベル

高野辰之 作詞
岡野貞一 作曲

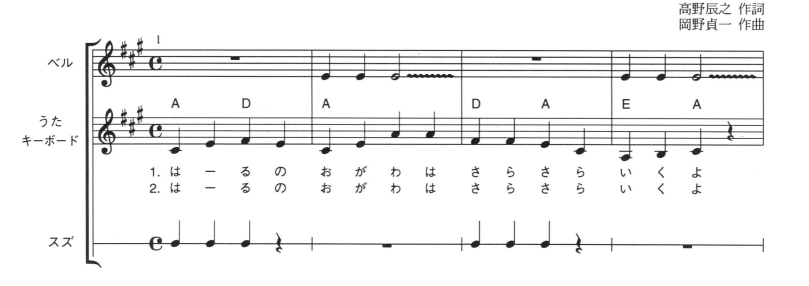

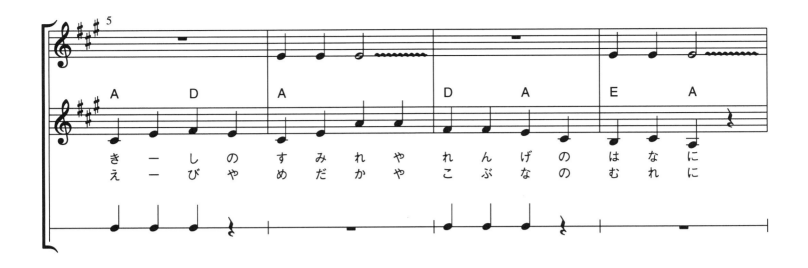
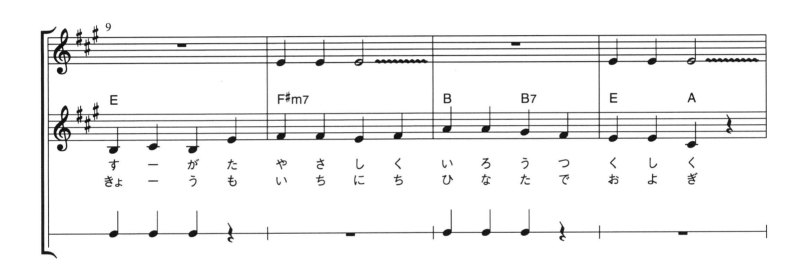

トーンチャイムは │♩ ♩│ で演奏します。
1．2．3．4と声をかけてあげると良いでしょう。

アビニヨンの橋の上で

使用ベル

河本喜介　訳詞
フランス民謡

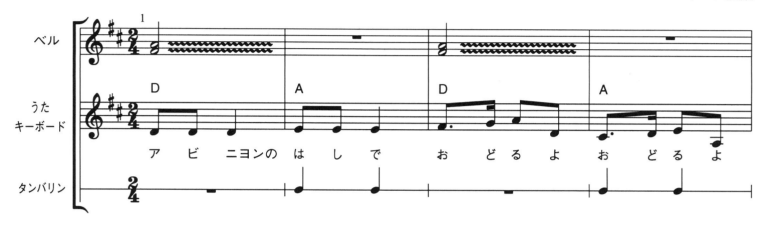

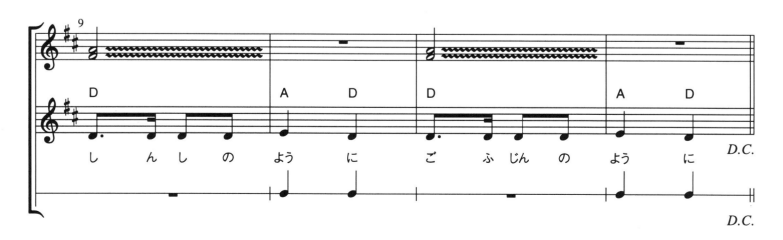

雪

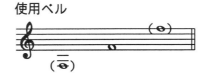

文部省唱歌

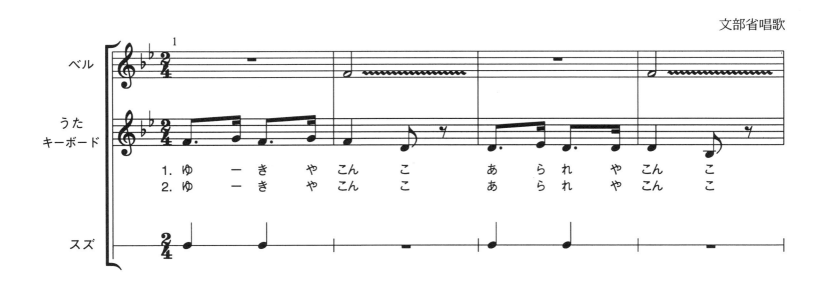

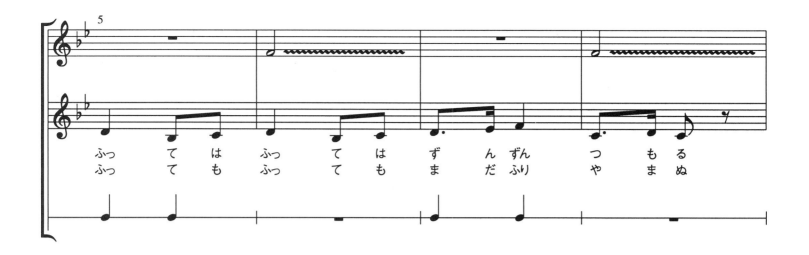
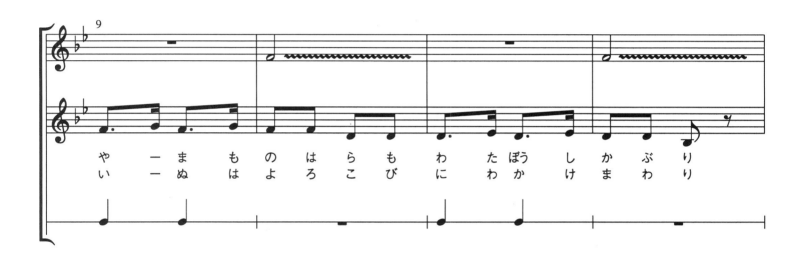
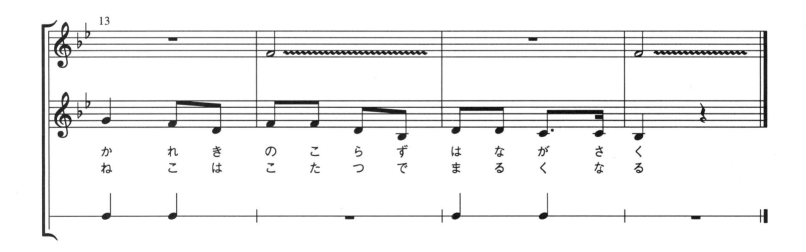

使用ベルをB♭にし、ベルと打楽器の場所を入れ替えて、1．3．5の奇数小節をベル、2．4．6の偶数小節を打楽器としても良いです。
雪の降っている感じを、楽しく演奏できたらいいですね。

いろいろな曲を演奏しよう

ベルはやさしい音色の楽器です。現場では、いかにこの楽器を楽しめるかが大切な事だと思います。
たとえば、C（ド）の音の含まれているコードをあげてみます。

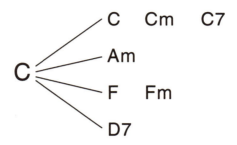

たどっていけばまだまだあります。ですからコードの一音をぬき出したと考えると、「ドとレ」あるいは、「ミとファ」などの二音で、やさしい曲ならカバーすることもできます。
またコードも、共通音を使って、CとAmはドとミ、EmとGはソとシ、のようにまとめて、一曲に使われる和音の種類を少なくしたりします。
では、ベルと打楽器の合奏もあわせて、いろいろな曲を演奏していきましょう。

かえるのがっしょう①

使用ベル

岡本敏明 作詞
ドイツ民謡

状況により、1オクターブ上のベルも加えて下さい。
一人で2本のベルを持って独奏するのも良いですね。

かえるのがっしょう②

使用ベル

岡本敏明 作詞
ドイツ民謡

かえるの うたが きこえて くるよ

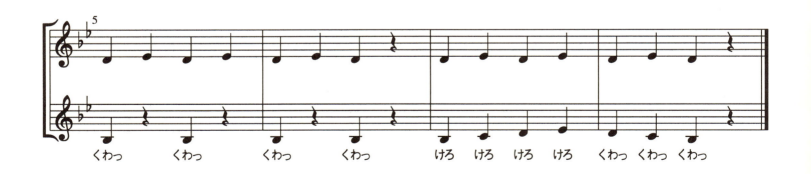

くわっ　くわっ　くわっ　くわっ　けろ けろ けろ けろ くわっ くわっ くわっ

かえるのがっしょう①と②のベルを重ねて、ハーモニーにするときれいです。

かえるのがっしょう③

岡本敏明 作詞
ドイツ民謡

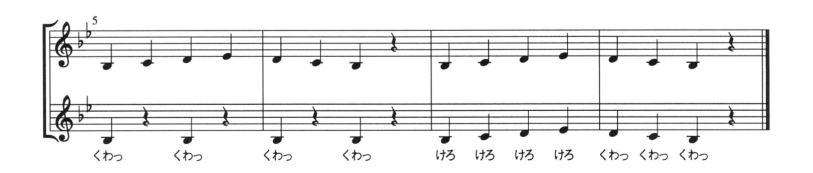

輪唱の感じで楽しんで下さい。

花嫁人形

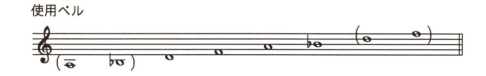

蕗谷虹児 作詞
杉山長谷夫 作曲

使用ベルを二つのグループに分けて、和音奏です。
オクターブ、上・下を加えても良いです。
トーンチャイムは、二分音符で演奏して下さい。

今度は同じ使用ベルで一音ずつの演奏です。

花嫁人形

蕗谷虹児 作詞
杉山長谷夫 作曲

トーンチャイムの場合はトレモロではなく、二分音符の一音打ちで演奏します。

花嫁人形

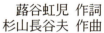

蕗谷虹児 作詞
杉山長谷夫 作曲

少しむずかしいですが、ゆっくりしたテンポで挑戦してみて下さい。ベルの場合、速度をゆるめて、できれば四分音符のところもトレモロにした方が良いでしょう。

ゆりかごのうた

北原白秋 作詞
草川 信 作曲

歌が終わる時だけ、最後の8小節目の音をA(ラ)にしないで、

D(レ)で  にした方が良いでしょう。

トーンチャイムは |♩ ♩| ではなく |♩ |で演奏します。

ゆりかごのうた

使用ベル

北原白秋 作詞
草川 信 作曲

トーンチャイムはトレモロではなく、二分音符の一音打ちです。

ふるさと

ふるさと

高野辰之 作詞
岡野貞一 作曲

使用ベルの関係で、調が変わりました。
ベルは三度下のハ長調の音階で ド・シ・ラ・ソ…、と譜面と同様の動きをしても良いです。

十五夜お月さん

ゆったりしたテンポの、哀愁をおびたメロディーです。
歌詞が悲しげなので、ベルとキーボード（メロディー楽器）の演奏もいいかも知れません。

背くらべ

使用ベル

海野 厚 作詞
中山晋平 作曲

1. はしらの きーずは おととしの
2. はしらに もたれりゃ すぐみえる

ごがつ いつかの せいくらべ
おやま おせ い くらべ

使用ベルを 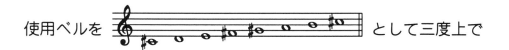 として三度上で

 ～ と同様に動いても良いです。

明るく楽しい感じが出ればと思います。

虫のこえ

文部省唱歌

の二つのグループに分かれると良いです。

そして、5・6と11・12小節の虫の声のところは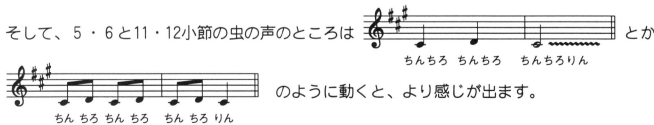

虫の声に似た楽器を加えるのも、おもしろいですね。

最後の19・20小節は、できるだけ和音にして下さい。

聖者の行進

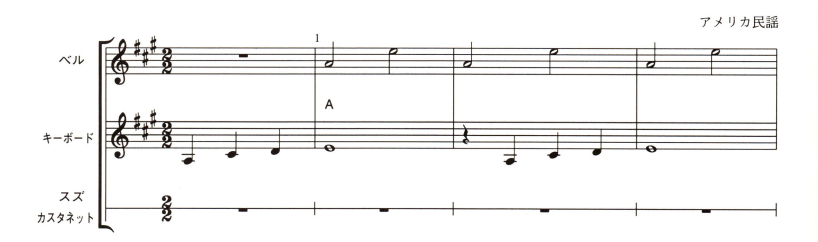

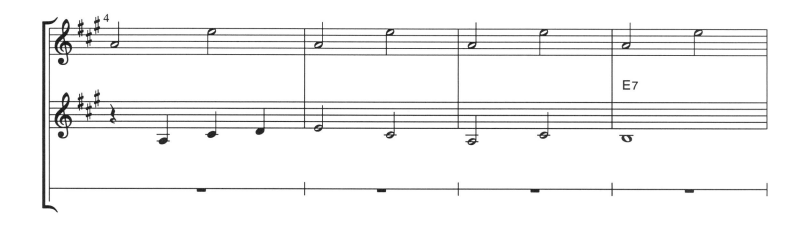

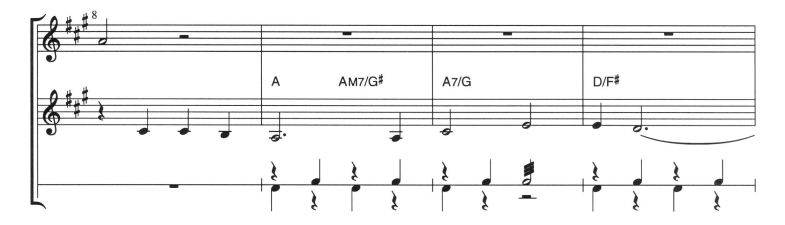

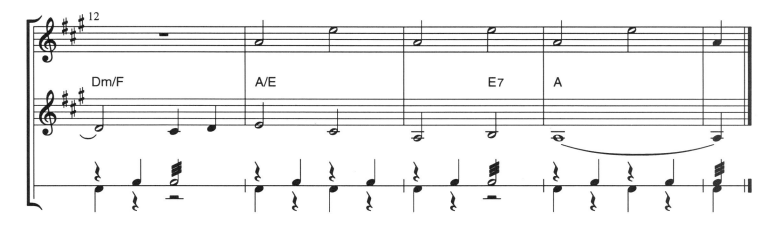

打楽器のリズムは、利用者の皆さんにあわせて対応して下さい。もし適当な楽器がなければ、ペットボトルなどにあずきを入れたりして、打楽器の代用にしても良いと思います。

ベルは  のパターンで無理ならば、E（ミ）一音、あるいは

五度で  のパターンのくり返しでもできます。

聖者の行進

アメリカ民謡

9・13小節のパターンが変わる前に、声をかけてあげて下さい。
9〜12小節をお休みしてもかまいません。
13小節から最後までは、ベル①ベル②ベル③の三種類から選んで下さい。

アニー・ローリー

スコット 作曲

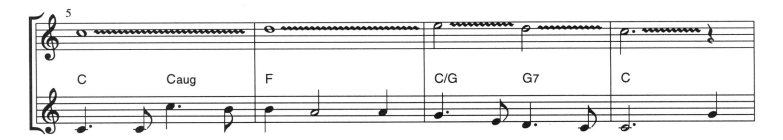

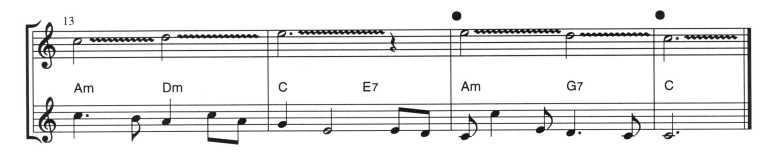

前半1〜8小節はベルではなく打楽器でも、また、15・16小節は 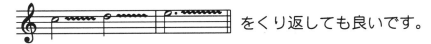 をくり返しても良いです。

トーンチャイムはトレモロはしません。

アニー・ローリー

使用ベル

スコット 作曲

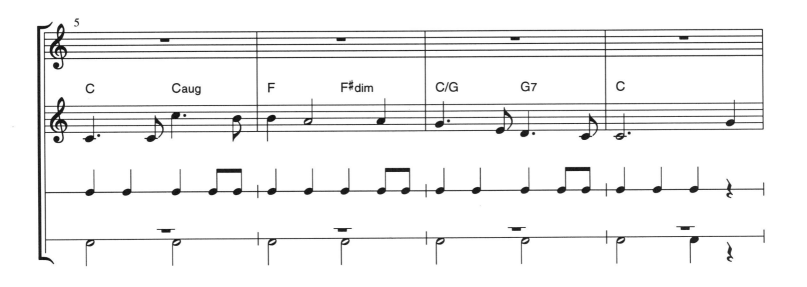
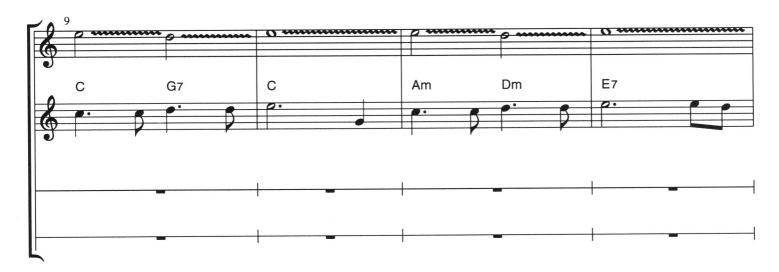
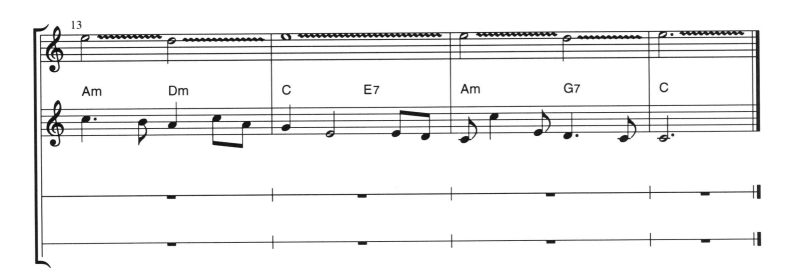

前半1〜8小節も、C・Caugコードをミで、F・Gコードをレで、カバーすることもできます。その時は6小節目はF#dimを使わないで、Fのままにして下さい。

オーバー ザ レインボー
OVER THE RAINBOW

使用ベル

Words by E. Y. Harburg
Music by Harold Arlen

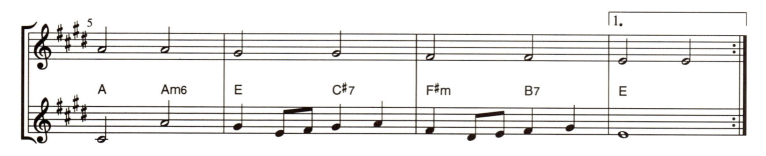

© 1938,1939 (Renewed 1966,1967) by EMI/FEIST CATALOG INC.
All rights reserved. Used by permission.
Print rights for Japan administered by Yamaha Music Entertainment Holdings, Inc.

歌詞がないので、最初は二分音符を2回ずつ打ちます。慣れてきたらミュージックベルは│♩ ♩│ではなく│𝅝 〜│で演奏するのも良いと思います。D.C.した後、9の小節までで終わってもかまいません。

20の小節はテンポをゆるめて のように四分音符2回ずつ打つようにしてもいいです。

オーバー ザ レインボー
OVER THE RAINBOW

Words by E. Y. Harburg
Music by Harold Arlen

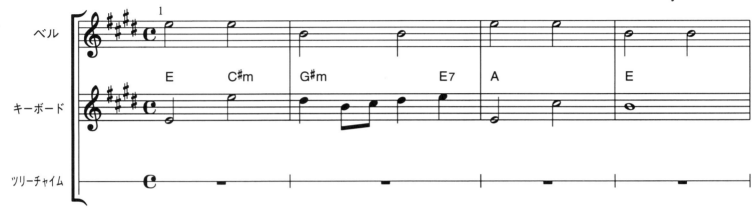

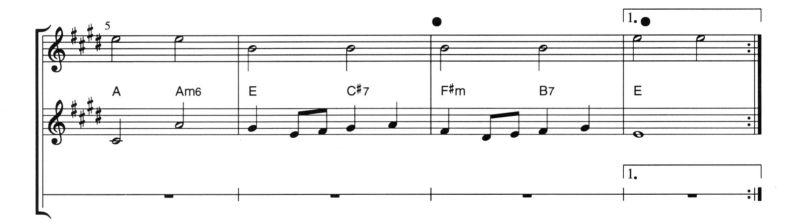

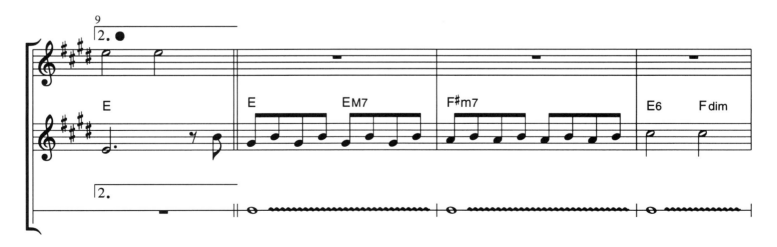

© 1938,1939 (Renewed 1966,1967) by EMI/FEIST CATALOG INC.
All rights reserved. Used by permission.
Print rights for Japan administered by Yamaha Music Entertainment Holdings, Inc.

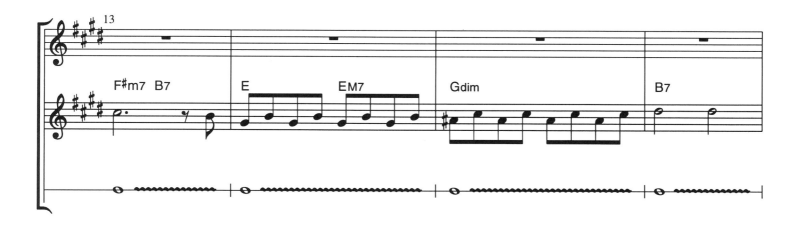

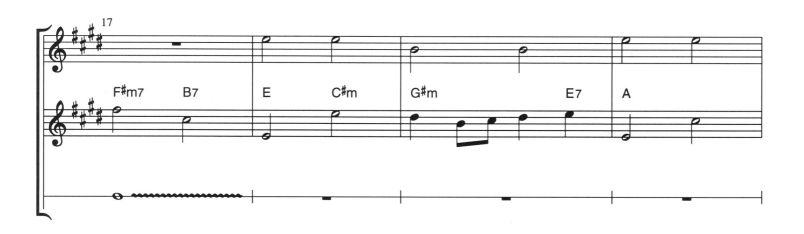

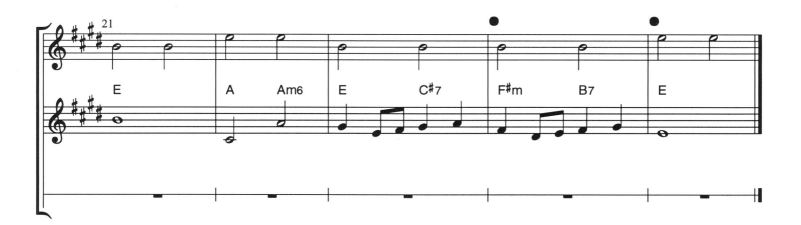

7と24の小節の前で、「もう一回」とBのベルの方に声をかけてあげて下さい。状況によっては、そこは、そのまま前の続きで｜ＥＥ｜ＢＢ｜とくり返しても良いです。

ツリーチャイムは、曲のイメージととても合っていますが、用意できなければスズなどで代用して下さい。

シューベルトの子守歌

5．6小節目はトーンチャイムは ｜♩ ♩｜ でも、
ミュージックベルの場合は ｜○〜〜｜ でもよいでしょう。

モーツァルトの子守歌

プに分れて演奏すると良いでしょう。
最後の17.18小節は、ソ・ラ・シのパターンをくり返しても良いです。

ブラームスの子守歌

使用ベル

ブラームス 作曲

の二つのグループに分かれましょう。

トーンチャイムはトレモロしません。

オーラリー

使用ベル

G. プールトン 作曲

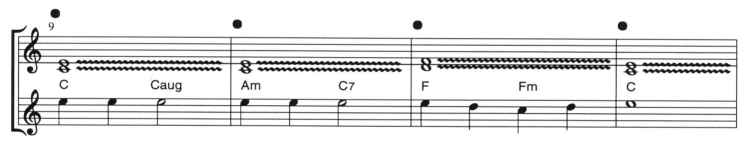

9〜12小節はツリーチャイムを使ってもきれいです。

その場合13〜16小節はベル②を使うと、同じパターンの音だけでやさしく演奏できます。

トレモロの部分は、トーンチャイムは | ♩ ♩ | が良いと思います。

オーラリー

G. プールトン 作曲

"オーラリー"の簡単バージョンです。打楽器は同じリズムで、適宜、種類を増やして下さい。

きよしこの夜

由木　康 作詞
グルーバー 作曲

ベルは①F♯A ②BD ③CEのグループに分かれ、②のグループを中心に並べば演奏しやすいです。メロディーときれいなハーモニーになります。

きよしこの夜

使用ベル

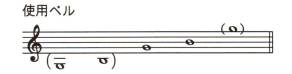

由木　康　作詞
グルーバー　作曲

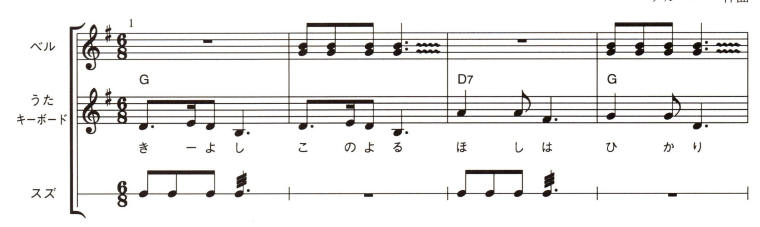

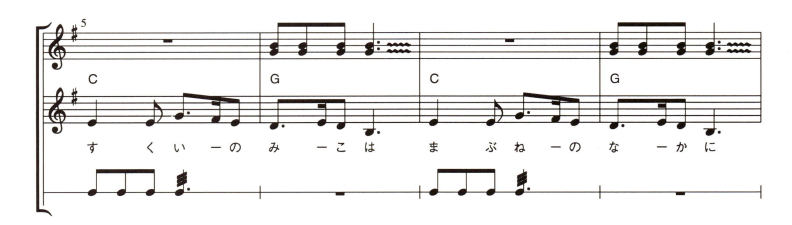

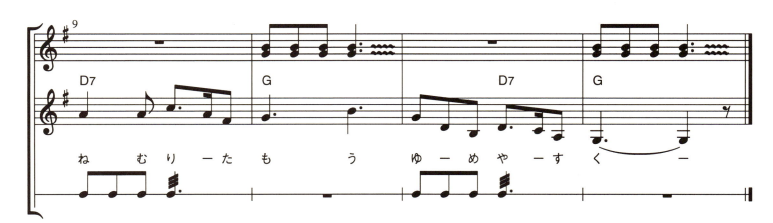

易しいかたちで、どなたにでもクリスマスソングを楽しんでいただけたらと思います。

トーンチャイムは ではなく にして下さい。

赤鼻のトナカイ
RUDOLPH THE RED-NOSED REINDEER

Words & Music by Johnny Marks
日本語詞：新田宣夫

© by ST. NICHOLAS MUSIC, INC.
Permission granted by Shinko Music Publishing Co., Ltd.
Authorized for sale in Japan only.

楽器は交替で鳴らします。ベルも二音しか使わないので、やさしく、楽しく演奏できると思います。

また、使用ベルを  として

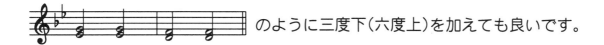 のように三度下（六度上）を加えても良いです。

赤鼻のトナカイ
RUDOLPH THE RED-NOSED REINDEER

Words & Music by Johnny Marks
日本語詞：新田宣夫

© by ST. NICHOLAS MUSIC, INC.
Permission granted by Shinko Music Publishing Co., Ltd.
Authorized for sale in Japan only.

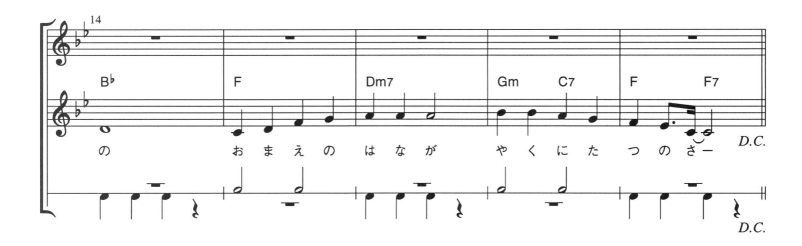

楽しいクリスマスソングです。元気よく、演奏して下さい。

赤鼻のトナカイ
RUDOLPH THE RED-NOSED REINDEER

© by ST. NICHOLAS MUSIC, INC.
Permission granted by Shinko Music Publishing Co., Ltd.
Authorized for sale in Japan only.

ベルだけの演奏のため、音域が高くなっています。

に分かれます。10から11の小節に進む時は｜E　E7｜にします。

トーンチャイムは11の小節からも｜♩　♩｜で演奏して下さい。

グリーン スリーブス

7・8小節、15・16小節以外は、ラとシの音の二回ずつのくり返しです。
C♯mのところは、音としてはC♯m7の和音になっています。

グリーン スリーブス

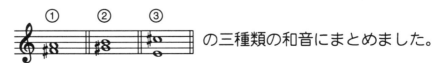 の三種類の和音にまとめました。

後半9～16小節を、スズなどで ♩♩♩ ♩. のリズム打ちをし、

ダ・カーポして、ベルで8小節までを演奏して終わるのも良いでしょう。

ララルー
LA LA LU

Words and Music by Peggy Lee And Sonny Burke

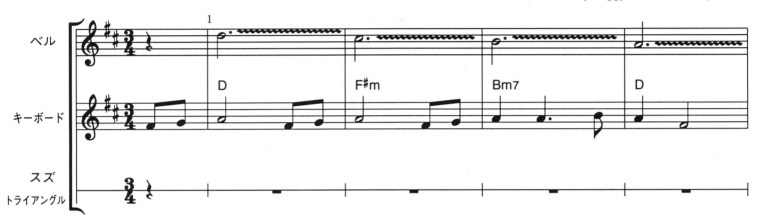
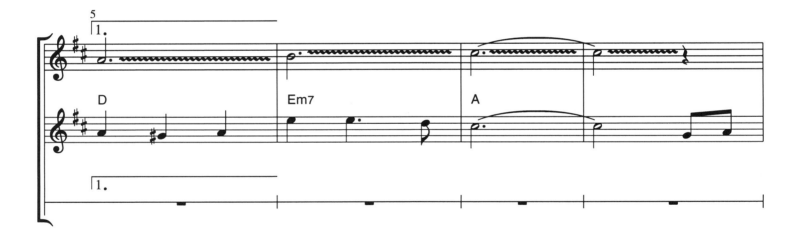
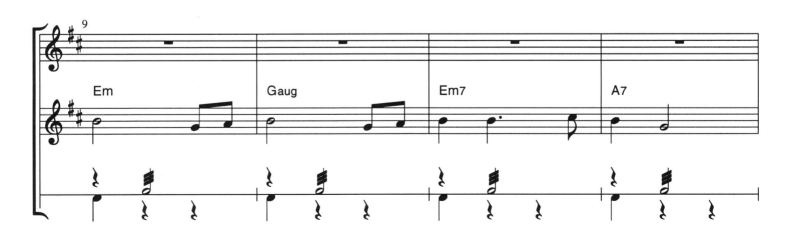

© 1952 WALT DISNEY MUSIC COMPANY
Copyright Renewed. All Rights Reserved.
Print rights for Japan administered by Yamaha Music Entertainment Holdings, Inc.

打楽器の部分は、ツリーチャイムを使用すると、より曲の感じが出ると思います。

また、使用ベルを

とし、六度下を加えて

 〜 のようにしてもきれいです。

トーンチャイムは、付点二分音符の一音打ちにして下さい。

シンコペーティド クロック
THE SYNCOPATED CLOCK

使用ベル

Music by Leroy Anderson

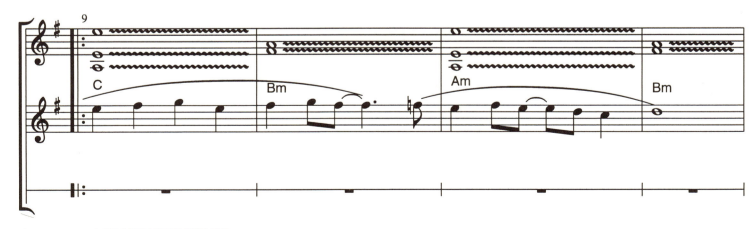

©1946 (Renewed 1974) EMI MILLS MUSIC, INC.
All rights reserved. Used by permission.
Print rights for Japan administered by Yamaha Music Entertainment Holdings, Inc.

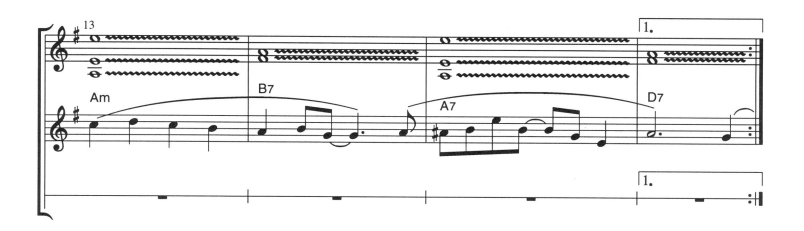

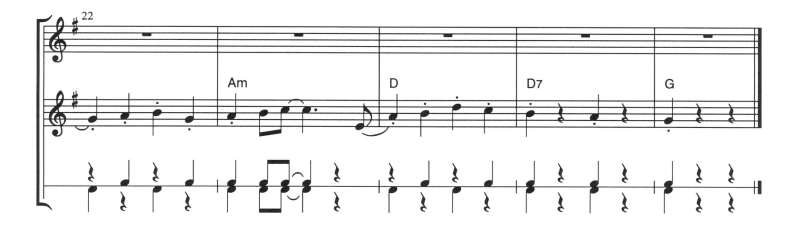

ベルは  の二つの和音にまとめてみました。

レガートの部分なので、トレモロ奏にしましたが、トーンチャイムも含めて、｜♩ ♩｜でも良いです。

打楽器は曲のリズムにあわせて、元気よく鳴らして下さい。また、ウッドブロックを加えて、カチカチ

という感じが出ると、曲がよりいきいきすると思います。

五月のうた

使用ベル

モーツァルト 作曲

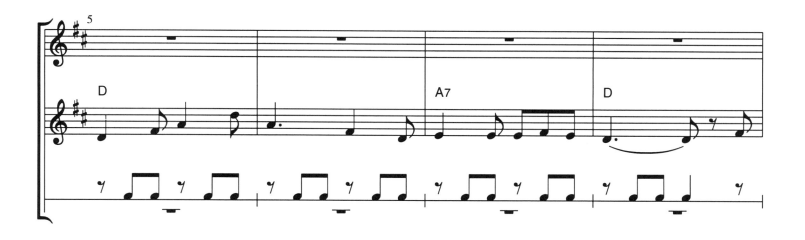

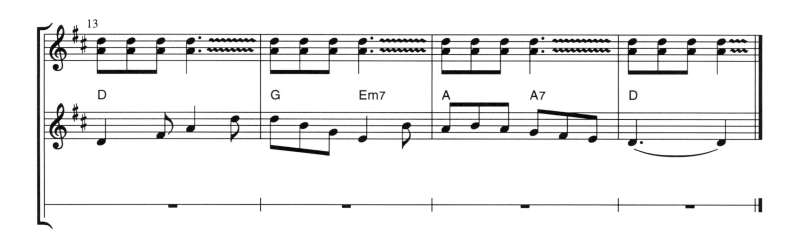

ベルは一種類だけですので、だれでも簡単に演奏できます。
トーンチャイムや、リズムをきざむのがむずかしい場合は ｜♩. ♩.｜ にして下さい。

五月のうた

使用ベル

モーツァルト 作曲

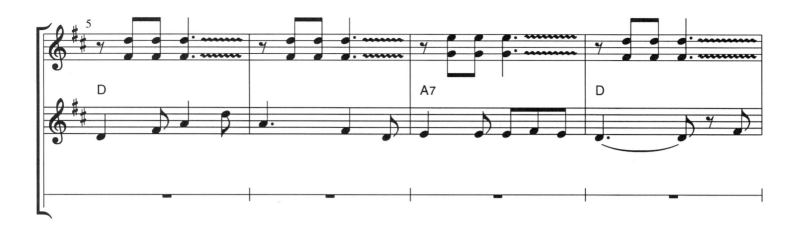

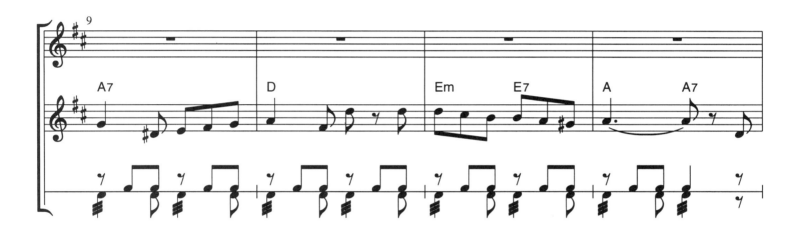

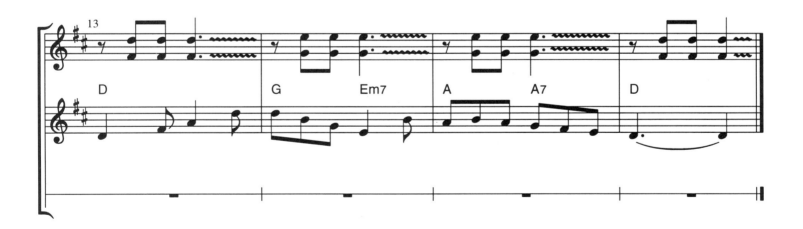

和音は ①② の二種類。もちろんリズムを刻まないで |♩. ♩.| でもいいです。また、打楽器の部分も、どちらか一つの楽器だけでも、ツリーチャイムなどでも良いです。

80日間世界一周
AROUND THE WORLD

Words by Harold Adamson
Music by Victor Young

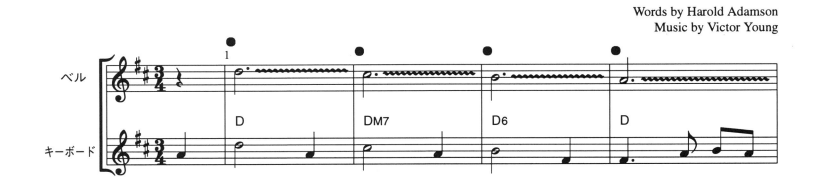
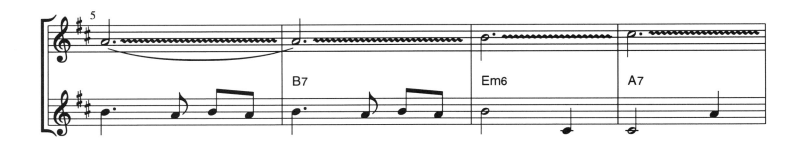
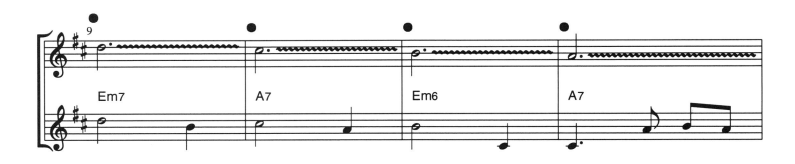
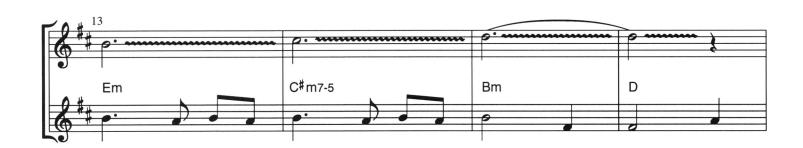

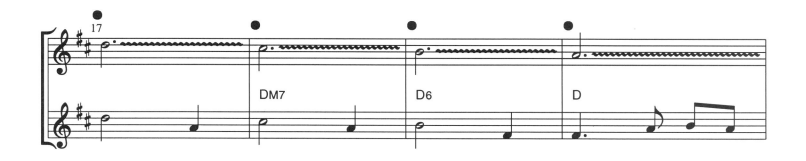

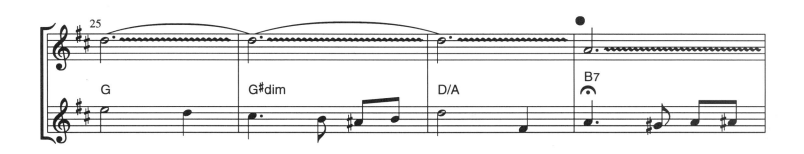
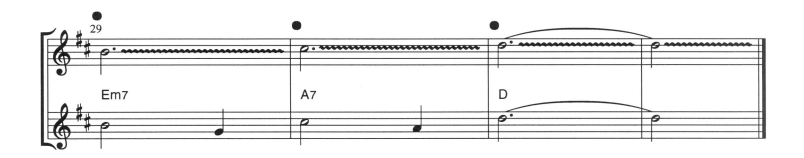

5〜8小節、13〜16小節、21〜27小節は、ベルではなく打楽器で  のリズム打ちや、ツリーチャイムを使うとのくり返しと、それを逆にたどるパターンで演奏できます。

大きな古時計

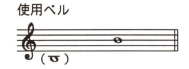

ワーク 作曲

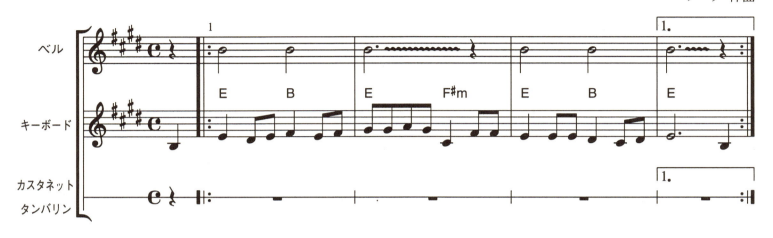
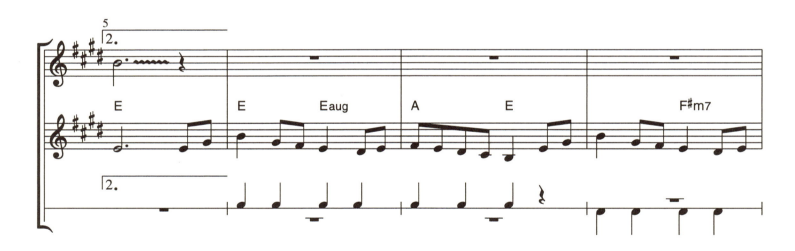
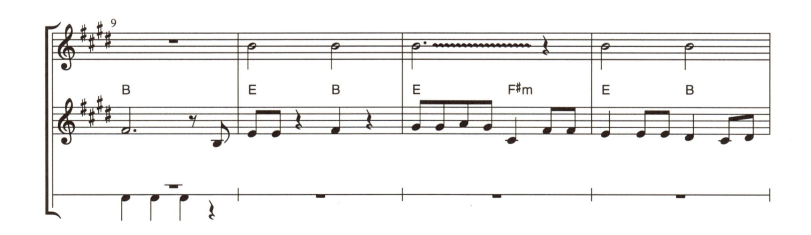

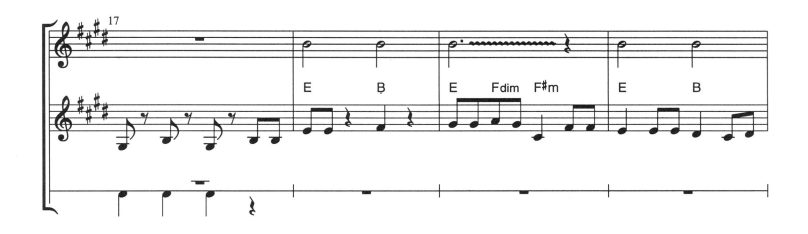

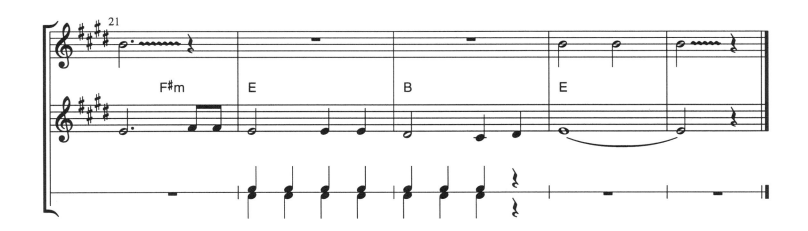

ベルは一音だけ、打楽器のリズムも簡単です。
リズムに乗って楽しく演奏できると思います。

大きな古時計

使用ベル

ワーク 作曲

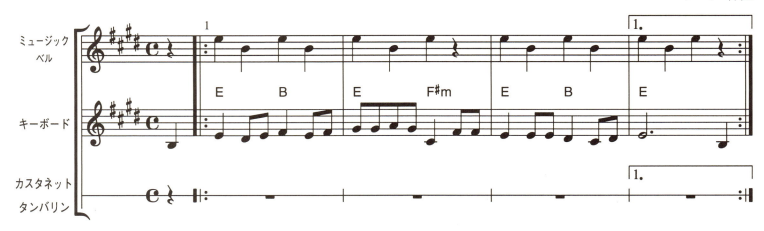
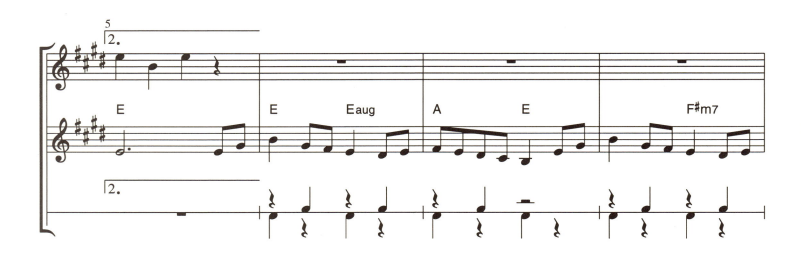
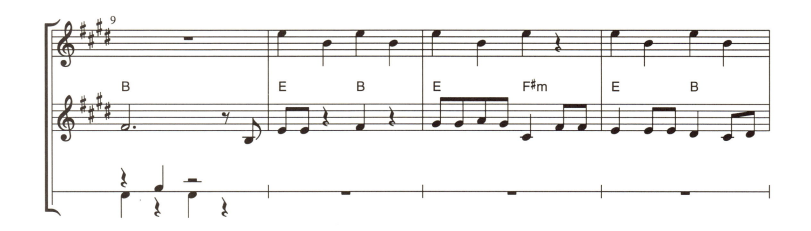

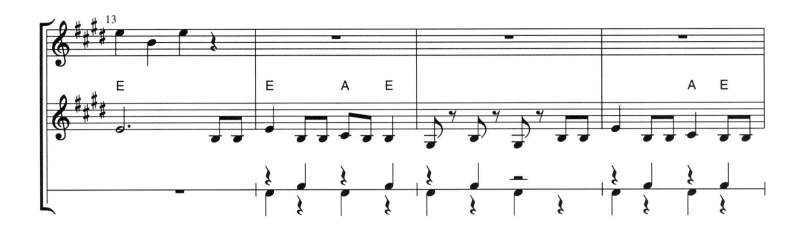

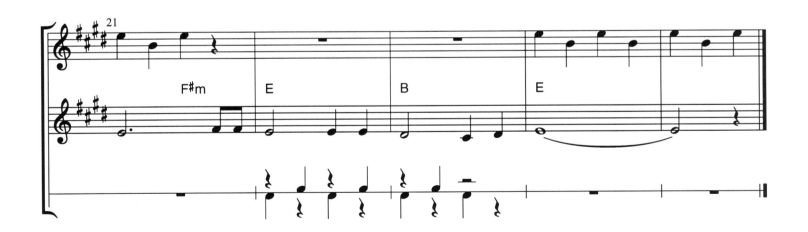

時計がチクタクと動いている感じです。打楽器のところはウッドブロックを使うと、よりチクタク感が出ると思います。

大きな古時計

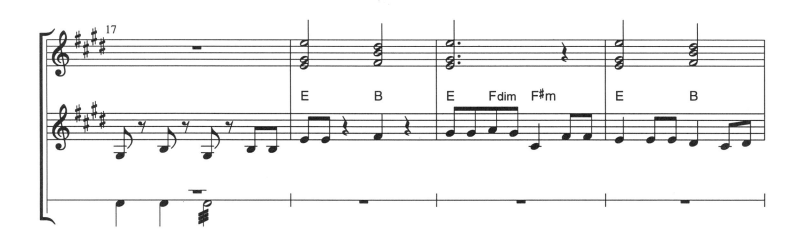

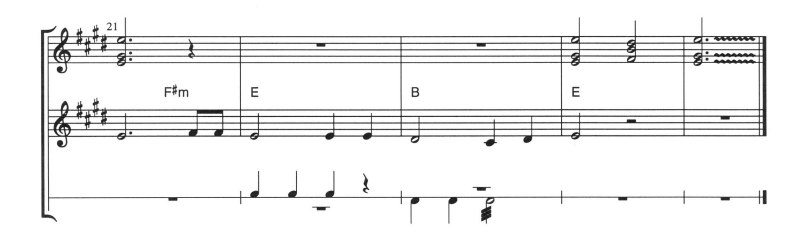

時計がボーンボーンと鳴る感じです。最後のところをのぞいて、E・B・Eのコードのベルと打楽器が4小節ずつくり返されます。簡単な造りですがけっこう映える曲です。

和音の一番上の音の の部分だけにして、ベルを一人で演奏することもできます。

春の曲メドレー
早春賦—春の小川—さくら

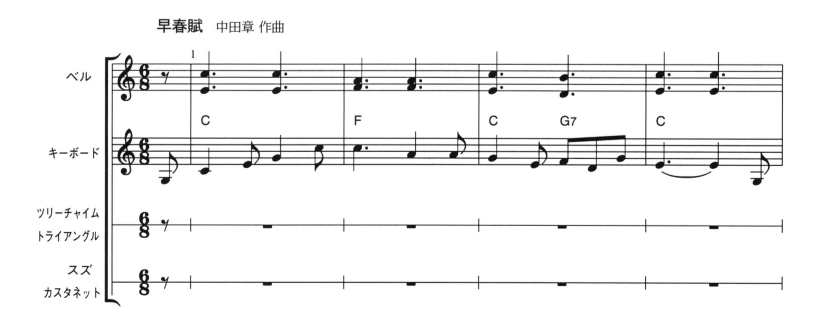

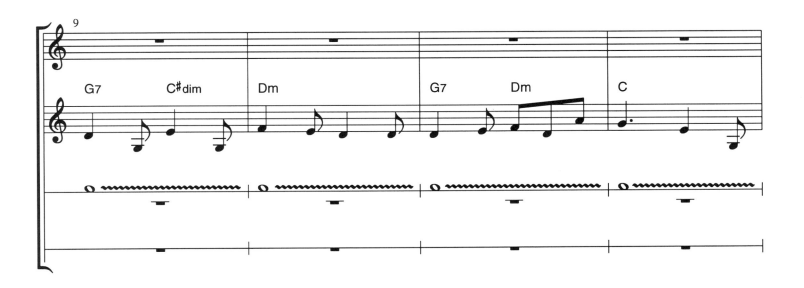

さくら 日本古謡

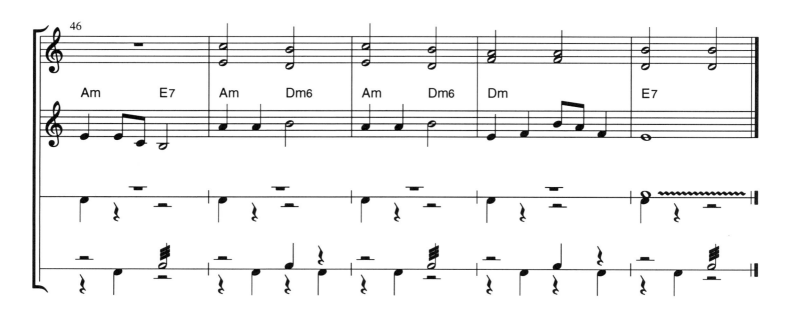

おなじみの春の曲を３曲メドレーにしました。

和音は三種類

①の和音を中心にして②①③のよう並ぶと良いでしょう。
さくらの打楽器のリズムは

トライアングル　カスタネット　スズ
　　A　⇄　　B　⇄　C　　のように並べばＡＢＣＢＡＢＣ

の順序で二小節のリズムパターンができます。

付録

以下の譜面は、著者が実際に現場で使用していたものです。参考に掲載しました。
なお、簡単バージョンは、認知症がかなり進んだ方々のフロアーで使用しました。

赤鼻のトナカイ
RUDOLPH THE RED-NOSED REINDEER

Words & Music by Johnny Marks
日本語詞：新田宣夫

簡単バージョンは打楽器2小節・ベル2小節の4小節の同じパターンをくり返す

© by ST. NICHOLAS MUSIC, INC.
Permission granted by SHINKO MUSIC PUBLISHING Co., Ltd.
Authorized for sale in Japan only.

たなばたさま

権藤はなよ・林柳波 作詞
下総皖一 作曲

ⒶとⒷ二種類のパターンのベルです

港

旗野十一郎 作詞
吉田信太 作曲

雪

文部省唱歌

春の小川

たき火

巽　聖歌　作詞
渡辺　茂　作曲

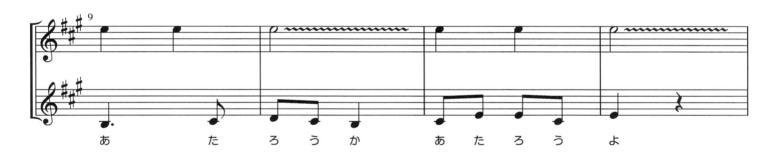

簡単バージョン　　　　　　　　　　この4小節のくり返し

あとがき

　かつて、近くのデイケアーセンターにお邪魔する機会がありました。事前の電話で「うちにもカラーのベルがあるのですが使い方がよくわからなくて…。」という施設長さんのお話。当日、私はピアノの方と二人で、ゴールドのベルを持って伺いました。利用者の皆さんと、カラーとゴールドのベルで"チャップスティック"と"雪"を演奏しました。多分ベルを持つのは初めてだったのでしょうが、とても集中し、楽しんでいただけました。

　他所でも、"使い方が分からなくて"と、十分に活用されていないベルがあるかも知れません。

　現場では理屈通りにいかない事が沢山あると思いますが、状況に応じて対応していただき、少しでも多くの方にベルの楽しさを味わっていただけたらと思って居ります。

　終わりに、本書の出版にあたり、ご協力賜りました皆様に心から御礼申し上げます。

著者プロフィール

嘉藤やよい

国立音楽大学教育音楽科卒業
ピアノ講師
十数年間、老人施設でセッションを行う。
合唱団にも所属し、地域ではミュージックベル、トーンチャイムの指導、
お年寄りや子供たちへの合唱指導を続けている。
また、図書館での「語り手」ボランティアなど多方面で活動。

全日本ミュージックベル連盟　ミュージックベル講習会指導講師
全日本トーンチャイム連盟　トーンチャイム講習会指導講師
日本音楽療法学会　会員

全日本ミュージックベル連盟
全日本トーンチャイム連盟
http://www.musicbell.net/

著／編曲　嘉藤やよい	増補改訂版
表紙装幀　竹田幸子	**ミュージックベルとトーンチャイム**
発行者　鈴木廣史	**音楽療法の現場で**
発行所　株式会社サーベル社	
定　価　[本体1,800円＋税]	〒130-0025　東京都墨田区千歳 2-9-13
発行日　2019年10月15日	TEL:03-3846-1051　FAX:03-3846-1391
	http://www.saber-inc.co.jp/

JASRAC 出 0306368-905　　この著作物を権利者に無断で複写複製することは、著作権法で禁じられています。
万一、落丁・乱丁の場合は送料小社負担でお取替えいたします。

ISBN978-4-88371-680-7 C0073 ¥1800E